SOMBRAS Y SEDUCCIONES
/
SEDUCTIONS AND SHADOWS

Por

Antolino C. Corsino

Love is when the obsession is
corresponded....

El amor es cuando la obsesión es
correspondida....

En Mundo

Un mundo en el cual
el brindis de dos labios
nos
da poesía.

Y que
caricia a caricia
se escribe el poema.

Necesita el poeta
nada más
que beber.

En Mundo

In a world
where
the toasting of two lips
gives us poetry.

And,
caress by caress
the poem is written...

The poet needs
only drink.

Amante

Amante
Te pude oír,
me llamaste.
¿Sería posible tan
dulce visión?

Acepté tímidamente
tu invitación.
En silencio
me amaste
y a mi una canción dedicaste.

Te vi sola,
indefensa
y en mi nació tal fuerza,
que te amé.

Me embriagaste,
y te bauticé
... Poesía.

Amante

Lover
I could hear you,
you called me.
Was such
a sweet vision possible?

Timidly I accepted
your invitation,
and within the silence
you made love to me,
dedicating me a song.

I saw you,
alone,
defenseless,
at that moment within me was born
such strength
that I loved you.

You intoxicated me,
and I christened you
... Poetry.

Sonora Andante Poesía

Sonora andante
Poesía
que enrojece mi ser

¿Serás más que un
sueño de verano
que con el otoño
se desvanece?

Flor cautiva,
esa que llevo
prendida del alma,
permite que entre
en tu ser.

Y que en el crepúsculo
del anochecer
seamos no dos,
sino un solo sueño.

Aquel que
a las estrellas le canta
su verdad,
su poesía,
pasión, y amor.

Sonora Andante Poesía

Vibrant motion
of poetry,
that inflames
my being.

Are you no more
than a sweet summer's dream
that will disappear
with the fall?

Captive flower,
which I carry near my soul,
allow me to
enter your being.

So that
in the night's dawn
we become, not two,
but one resounding dream.

Let it sing its truth
to the stars,
its Poetry,
Passion, Love…

Perpetua es la Poesía

Perpetua es la poesía
que recubre mi cuerpo
con anhelos de tu respiración.

Permíteme venerar tu piel
y hacer de mi lecho
un altar a nuestra pasión.

Al ver mis sentidos
intoxicarse
por la presencia de tus besos y
el perspirar de ondeantes movimientos.

Que sea con el licor
de nuestros cuerpos
y los gemidos de nuestras almas
que podremos tentar
hasta a los dioses de la seducción.

Entonces deja
que la noche nos traiga
su bendición.

Y que al devorarnos
entre sábanas de hilo
sean sólo las estrellas
las que nos puedan juzgar.

Perpetua es la Poesía

Your breath is a perpetual poem,
which cradles my body.

Allow me to revere your skin
and make of this humble bed,
an altar to our passion.

As I see my senses
intoxicated
with your kisses and
the perspiration of your movements.

Let our bodies
become our liquor
and our sighs tempt
even the gods of seduction.

Then within this moment
let the night,
grant us its blessing.

And as, within this night's threads,
we devour one another.
May it be only the stars,
which may pass judgement upon us.

Desconocida

Desconocida
que entre atardeceres te espío.
Veo los respiros ondeantes de tu pecho,

Figura abrazada por seda
que vestida de mujer,
sonríe dentro una niña,
ninfa sensual,
Atenea de mi pasión
universo bendito que es tu cuerpo.

La noche ya empieza a callar al día.
El somno de la realidad inquieta la razón.

Permite que te descubra
y que verso a verso
hagamos el amor.

Desconocida

Unknown,
on this sunset I spied on you.
How your chest rises with each breath.

A figure embraced in silk
wearing the dress of womanhood,
the child within
smiles
sensuous nymph,
Athena of my passion
venerable universe that is your body.

Night has begun to quiet the day.
The somno of reality disquiets reason.
Permit me to discover you
so that verse by verse
we may make love.

¿Alguna vez has visto?

¿Alguna vez has visto el amanecer
en el reflejo
de dos ojos desenfocados?

¿O has experimentado
la fascinación de entender?

Frenesí de inspiración,
que con pequeños movimientos
llevan la copa al borde.

¿No es cabal dulzura,
capaz de una locura?

Ver la existencia
en el reflejo
de ojos desenfocados,
es entender la esencia del amor.

Es vivir la percepción
sensual
de dos cuerpos nocturnos
en su crepúsculo de intoxicación.

¿Alguna vez has visto?

Have you ever seen the sunrise
reflected on a lover's unfocused eyes?

Or have you experienced
the fascination of understanding?

Emotions of inspiration,
that with gentle movements
take the cup to the brim.

Is not such complete sweetness,
capable of insanity?

To see existence
in the reflection
of those unfocused eyes,
is to understand the essence of love.

It's to live the sensual
perception
of two nocturnal bodies
in the dawn of intoxication.

Pupilas de fuego

Pupilas de fuego
que esconden placeres
de secreta dulzura.

Altiva presencia
que con voluptuosidad
de niña
acaricias mi percepción.

Labios que me atan.
Escondidos valles que me llaman.
Esta sed que me encadena.

Y tú,
bailarina nocturna,
llegas a mi.

Dominando mis noches
y mis días
de sueños de pasión.

Vivo ahora condenado
a percibir la vida
a través de caricias
y tu boca
en brindis.

Pupilas de fuego

Eyes of fire
that hide pleasures
of secret sweetness.

With proud bearing,
and childish voluptuousness,
you call
to my perception.

Tied by your lips,
and called by hidden valleys.
This thirst chains me.

And you,
like a nocturnal dancer
come to me.

Dominating my nights
and filling my days
with dreams of passion.

I live now condemned
to perceive life
through your caresses
and through your mouth,
a toast.

Hacia el destino

Hacia el destino
nos dirigimos,
no importa dirección o deseo.

Pero esa noche, las estrellas brillaron
con devoción extraña.
Las liberaciones del pasado perdieron
su importancia,
y el trueno de la existencia entró al ser.

Atravesando murallas
de fuegos congelados
y atardeceres fugaces.

Los amantes se unieron en la nostalgia de la creación,
y un suspiro brilló en la noche.
Al derretir el hielo del fuego
y mientras en la noche
el Cielo
le hacia el amor
a la Mar.

Un ave,
a mis labios le dio
su canción
…y yo a ella,
mi corazón

Hacia el destino

And onto life
we speed,
not caring about direction or whim.

The stars shone with
ungodly devotion.
Past liberation's were naught,
and the thunder of existence
came into being
within the ramparts of
frozen fires
and boiling sunsets.

As the lovers came together within
the nostalgia of creation,
a whisper shone in the night
as the frost melted from the fire,
and while the Sea joined with the Sky
in the midnight hour.

The bird perched her song
on my lips,
and I on hers
my heart

Amada

Amada
que has vuelto
del destierro
a mi corazón

y a mis noches has dado
nueva inspiración
para soñar.

Vivo como niño impaciente,
esperando el momento
en que otra vez
te pueda besar.

Amada

My love
you
who have brought
my heart
back from exile

and to my nights have given
new inspiration
to my dream.

I live as an impatient child,
waiting for the moment
that I can again
feel your lips.

Con Suaves Movimientos

Con suaves movimientos y entre una jungla de inspiración
permites la magia de navegar
por tus movimientos...

Movimientos que se agitan
con cada suspiro de labios
bailando por tu cuerpo.

Intoxicante exudación de ondulantes valles
que entre cúspides y precipicios,
y bajo nocturnas confesiones
exploramos los ritos
de la pasión.

La mar se vuelve turbia,
el entendimiento pierde la razón.
Y al romper en roca dura la incesante ola,
la conciencia se anula
lo único que se escucha
es el rugido de dos almas.

Que en esta noche
entre sábanas
el uno al otro
su pasión entrego.

Con Suaves Movimientos

With soft movements and deep inside jungles of inspiration
you allow me
the magic of navigating through your movements...

Movements that stir each breath
from my lips
as they dance over your body.

Intoxicating perspiration on flowing valleys
within peaks and abysses,
and under nocturnal confessions
we explore the rites of passion.

The ocean becomes turbid,
understanding loses its reason.

And as the wave breaks on the rock,
conscience becomes null
and the only sound
you hear
is the roar of two souls.

Within this night
and amongst sheets
passion
had been known.

Muerte del canto

Muerte del canto,
que invocas
la mas real percepción.

Procesión de movimientos,
que como marejada sin escapar
te lleva a enloquecer.

Dolor divino que
en el desenfreno,
trae la ruptura
con lo conciente.

Mirada lejana
de momento paralizado,
sonrisa vaga,
espejo del entendimiento.

Grítame el último suspiro
de tu llegada.
Ahh...

Ahora permíteme llenar
de nuevo
tu copa
y tus labios
con un beso.

Muerte del canto

Death of song,
which invokes the most real
of perceptions.

A procession of movements,
as unavoidable as the current
leading you
to madness.

Sweet pain that in the unbridling
brings a detachment
from what is known.

A far-off gaze
in a frozen moment,
vague smile,
mirror of understanding.

Howl to me
the last whisper of your arrival.
Ahh...

And now permit me
to fill your cup
once more
and to your lips
a kiss.

Amante Oscura

Amante Oscura,
mujer de dulce exudación,
amante oscura
de mítico reino.

Déjame beberte
como el bohemio saborea su vino.
Y cuando reciba de tus poros
dulce reacción,
permite entonces que la noche
confunda nuestras siluetas
prendiendo con envidia las estrellas.

Amante oscura,
suspírame tus gritos
mientras inhalas nuestra pasión.
Nuestros cuerpos se mueven
al compás
con algún olvidado ritmo
de sensual inspiración...

Tus labios que como frágiles pétalos
llaman al poeta,
en su consumo de la Musa,
como por su belleza
a este verso.

Amante oscura
que entre brazos de la noche
nos consumimos
y bajo la luna bailamos.

No te eches al olvido.
Que cuando el alba augure el día
y la muerte, los sueños,

no olvides que ésta noche
nos amamos

Amante Oscura

Darkest Lover,
woman of sweet perspiration,
dark lover from
some mythical kingdom.

Permit me to drink you
as a bohemian savors his wine.
And when from your pores I receive sweet reaction,
let the night then
confuse our silhouettes
leaving the stars to burn in envy.

Dark lover,
whisper to me your screams while you
inhale our passion.
Our bodies move to the beat
of some forgotten rhythm, sensual inspiration...

Your lips, like fragile petals,
call to the poet
and in their consumption of the Muse
as for your beauty
this verse.

Dark lover,
within the night's embrace
we are consumed
and dance under the moon.

Do not give in to forgetfulness,
when night's death beckons the day
and death, its dreams.

Do not forget, that within this night
we loved

Tu Mirada

Tu mirada,
la noche,
el brillo de tus labios
contra la luna…
Silueta de profundos valles
que con movimientos sonoros
intoxicas al aire.

Y yo.
Un simple,
cautivo en tu belleza.

Un pensamiento
y mi pecho se agita.
Un gesto, una inspiración,
y mi corazón se martiriza.

¿Serás ilusión,
o una vaga impresión?

O simplemente un sueño
que esta noche,
entre anhelos,
nos convertimos en poema
de deseo.

<u>Tu Mirada</u>

Your eyes
in the night,
moonlight reflecting your lips.
A silhouette of deep valleys
with resonant movements
that intoxicate the air.

And I!
But a simple
prisoner to your beauty.

A thought,
and my core stirs.

A gesture, an inspiration,
and my heart becomes yours.

Are you illusion,
or vague impression?

Or simply a dream
which this night,
among the yearnings,
we become a poem
of desire.

Mi Corazón

Mi corazón
ya empieza a callar.
El pulso,
un susurro...

Te vuelves a mi
y con seda,
me acaricias .

Inhalo tu presencia
y mi corazón
coge ritmo.

La seda se convierte
en marejada.
Mi piel
estalla roja.

Sonríes,
por saber lo que
en mi
despiertas.

El alba empieza
a deshilar la noche.

Te miro,
imagen perfecta
de mi seducción.

Criatura radiante,
ser divino
de mi pasión.

Te envuelvo
en mis brazos
y te acerco
a mi boca.

Entre labios entendemos
por fin la Poesía.

Suspiro a suspiro
recorro tu cuerpo
bebiendo tu copa
poco a poco.

Te estremeces.

Con un gemido
de labios entreabiertos
me llevas
a ti.

Arqueas sutil
tu espalda,
tu pecho
contra el mío.

Nuestros cuerpos
se vuelven
uno.

Mi Corazón

My heart
begins to quiet.
My pulse,
a murmur...

You,
true to me,
come like silk
with a caress.

Inhaling you
my heart
picks up rhythm.

The silk
becomes a wave.
My skin begins
to burn.

You smile,
knowing what
you awaken
in me.

The sun's rays
start to unweave
the night.

I look
at you,
perfect image
of my seduction.

Radiant creature,
divinity of my passion.
I take you in my arms
and bring you to my mouth.

Between lips

Poetry is understood.

Breath by breath,
I cover your body,
drinking you. Slowly,
you shiver.

With a sigh
from parted lips
you bring me
to you.

Arching your back
slightly,
your chest rises
against mine.

Bodies become
one.

Dulce pasión

Dulce pasión.
Esa que ha vuelto
a un corazón del exilio.

Permíteme que inspire
tu seda con mi seda,
que de tus labios beba
y con tu calor amortigüe esta hambre.

Que tú también en mi
encuentres esa respuesta.
La única.
A las preguntas que vibran
en tu roce.

Pero cuando al fin,
el crepúsculo augure el día.
Suspiremos un grito,
¡Un violento gemido!

Permitiendo
que los espíritus
nos intoxiquen.

Y que exhaustos
por nuestro ardor
veamos la realidad del amar.

Dulce pasión

Sweet passion,
that has awakened
a slumbering heart from exile.

Allow me to entice your silk
with the silk of inspiration,
to quench this thirst
with your lips,
this hunger with your heat.

As you then within mine,
find that answer.
The one.
To questions echoed in your touch.

And when at long end
the morning finds us,
let us then whisper
a scream,
a violent sigh!

And let the spirits
intoxicate us,
in the exhaustion of ardor
and the truth of love.

Elocuente visión

Elocuente visión
que con rural deseo
me vistes de tu pensar.

Susurro cautivo
que me llevas a nacer.
Escribo tus labios con poemas,
dulces versos
que se escapan entre fisuras de imperfección.

Entiendes que este sentir primitivo
no es crudo resbalo,
sino la esencia de donde sale
toda inspiración.

Incrédula
ante aparente contradicción,
titubeas.

Me miras con ojos desnudos,
yo me sonrío
y todo tu ser
se sobrepone.

El pensamiento se convierte en recuerdo
con la sensación de dos cuerpos.
Perdiéndonos
paso a paso
por el camino de la intoxicación.

El sentir puro de la pasión
nos redime con su paradoja
y su inocencia.

Vivimos nuestras sudorosas presencias
como dos niños
que de nuevo entienden
la vida.

Elocuente visión

Eloquent vision
that with rural desire
dresses me with thought.

Enchanting song
that leads me
to birth.

I write your lips with poems,
sweet verses that escape
from between the fissures of imperfection.

Please understand that this primitive emotion
is not a crude slip,
but the essence from where
all inspiration
comes forth.

Incredulous before such apparent
contradiction,
you hesitate.

Your naked eyes falls on mine.
I smile
and the whole
of your being
takes over.

Thought becomes a memory
and we frame our creation
with the sensations of two bodies.

We lose ourselves,
step by step
down the road of intoxication.

The feel of pure passion
redeems us
with its paradox

in innocence.

Living our sweat-ridden presence
we are as children
who once more understand
life.

Dos Cometas

Como dos cometas errantes
caminando en cielo de negra seda
a las faldas del alba bailamos.

Yo fui poeta y tu sonora poesía.
Creación de Baco que me embriaga
no seas como distante furor
que en el viento se disipa.

O como ninfa huyendo del sátiro
deja que el amanecer suene en nuestros labios
resonante y puro.

Hagamos con nuestros cuerpos una oración
elevando con esta
sentīre a divina sensación.

Volamos con los serafines y
caminamos con igual inmortalidad.
Bebiendo de nuestras almas,
volvemos a las faldas del alba.
Y mirándonos
sabemos como se sienten los dioses
y entendemos qué es lo que se pierde.

Dos Cometas

As two wayward comets
walking on heavens of black silk
at the steps of daylight we danced

I was the poet
and you
sonorous creation
of Bacchus which inebriates me.

Be not
as a distant fury
that departs with the wind.
Or as a nymph
fleeing the Satyr.

Let daybreak sound
in our lips
vibrant and pure.

With our bodies let us
make a prayer
raising feelings
to a Divine sensation.

Spirits that touch heaven's bell
flying among the seraphim.
Walking with equal immortality
drinking from our souls,
we return before the steps of daylight.

Contemplating each other
we know God's emotions
and we understand
what is lost...

Botella en la noche

Botella en la noche
vino rojo de tinto intento.

Llené mi copa con tu sensual aliento.
Inhale tu presencia,
bebiéndote sin
aún tocarte.
Sutilmente te levanté en la copa
hacia mis labios
jugué, sobre la mía,
con tu roja lengua.

Por unos momentos sentí
tu calor
mezclarse con el mío.

Te bebí.

Tu aliento era como ardiente pétalo
que bailaba dentro de mi ser.
Así pasamos un tiempo
bebiendo de ti y acabándonos la copa.

Sirviéndome más de tu rojo aliento,
comenzamos de nuevo
y de nuevo
y de nuevo

Tu botella se acabó y mi copa yacía vacía.
Partí intoxicado
por tu aliento
Y borracho con tu rojo intento
que aún saboreaba
sobre mis labios.

Botella en la noche

Bottle in the night…
Red wine of dyed intent.

I filled my cup with your sensuous breath.
I inhaled your presence,
drinking of you
wanting yet a caress.
Subtly I raised the cup toward my lips
playing with your red tongue on mine.

For a moment I felt
your warmth
mingle with mine.

And I drank you.

Your breath was an ardent petal
which danced inside
my being.

As such we passed some time
I, drinking from you and finishing the cup.
Pouring more of your red breath
we started again
and again
and again
Your bottle was finished.
I left intoxicated by your breath
And drunk from your stained intent.

Which today, I still savor
on my lips.

Extranjeros

Extranjeros son
los ojos
que ahora reflejan los míos.

Ser ondulante
que con delicada inspiración
me atraes a ti.

Fuiste lo mejor de mi.
La ilusión que encontró alas.
Sensación de realidad.
Esa que augura la felicidad.

Como sueño
del cual
al amanecer
no sabes si fue real.

Al despertar
veo tus labios
inspirando vida.

Y en tu pecho
la verdad de mi existencia.

Te vi una noche fría
de milenio infante,
alba de los sueños.

Fuiste mi elixir,
mi razón.

Musa para poeta
de extraña nación.
Flor, orquídea
de vida limitada.

Diste tu seda
y en tus movimientos encontré

distante tesoro.

Te escuché,
me suspirabas tu amor...
Pero no vi que también decías
adios.

Extranjeros

Foreign are the eyes
that now reflect
my own.

Undulating being,
that with delicate inspiration
calls to me.

You were the best of me.
The illusion had taken wing.
Sensation of truth,
that which bodes happiness
as a dream
which in the morning
you ponder
its reality.

As I awake,
I see your lips
that inspire life
and within you
the breast of my existence.

I saw you one cold evening
in the newborn millennium,
a crescent full of dreams.

You were my elixir,
my reason to be.

Muse for a poet
from a far away land.

Flower, orchid
of limited life,
you gave of your silk
and inside your movements
I found
distant treasure.

I heard you
as you whispered
your love to me...
but failed to see,
that you also had said
good bye.

Recordando aquello

Recordando aquello
que no se puede olvidar.
Pequeño sueño que
por un momento
brilló en mi noche.

Fue tu resolución
el descender del cielo.
Pasional momento.
Pétalos, vino, movimiento.

Entre realidades nocturnas
le dijimos sí
al amor,
a los sueños.

Y a hambrientos labios
le entregué mi emoción.

Entrando a ellos
te hice temblar.

Eras la orquídea
que se fundía
con el fuego de mi piel.

Llegué a conocer
tus más íntimos ritmos,
tus susurros,
tu éxtasis
al llegar,
tus más pequeñas pasiones.

Le hice el amor
a tu alma
mientras besaba
tu cuello.

Recordando aquello

Remembering that
which cannot be forgotten,
a simple dream that for a moment
shined on my night.

It was your wish
to descend from heaven.
Passionate instance.
Petals, wine, movement.

Inside nocturnal realities,
we made love to dreams.
And to hungry lips
I gave my emotion.

Parting them,
I made you tremble.

You were the orchid
that fused
with the fire of my skin.

I came to know
your most intimate rhythms,
your nightmares,
your ecstasy at arriving,
even your smallest of passions.

I made love
to your soul
as I kissed
your neck.

Un Sueño Interminable

Un sueño
interminable
de recuerdos
arde en mis noches.

Un ataúd de descanso
mi lecho
se convierte.

Destino del ayer que
inquietantemente
me lleva a ver
sombras en la oscuridad.

Comprendo ahora
las sugerencias
que como fúnebres ramos
atacan mi conciencia.

Secreta dicha
que coquetea
con alma y forma
sus propias multitudes.

Cuento
que se lee
ya
sin emoción...

¿Cuántos ahora
beberán de ti,
en dulces crepúsculos
cuando te volvías mía?

Un Sueño Interminable

An unending dream
of memories
burns my nights.

My bed
has become
a coffin of rest.

Yesterday's destiny
brings me
to see
shadows within the dark.

I understand now
the suggestions;
they attack my conscience
like funeral pyres.

Secret luck that flirts
with my soul;
forming within me
its own multitudes.

The story
no longer reads
with emotion...

How many now,
drink from you
in those evenings
when you would become mine.

Pasional Recuerdo

Pasional recuerdo
que vestida de rosas
llamas a mi lecho
con miel y misterio.

Me llevas a envestirte
con mis labios.

Pasas a través de mi piel
como veneno atinando a mi alma.

Con caricias de seda
pienso que ya
ha pasado la realidad
de tu presencia.
Cuando de nuevo
siento el calor
de tu flor
contra mi.

Veo sin percibir,
el sudor de tus movimientos
contra los míos.

Pensamos sin saber
pero con la certeza inocente
de la pasión.

Somos dos mundos atrapados
por sensual gravedad,
el uno en el otro
vivimos
hasta que entre hilos nocturnos
escuchamos el gran suspiro estelar...

Ahora, tu vas por un camino
y yo por otro...

Mirando veo

que no era única
tu pasión,
ni yo aquel poeta
que escribió singular poesía.

Pasional Recuerdo

Passionate memory
that clothed in roses
calls to my abode
with honey and mystery.

Leading me to
pierce you
with my lips.

You pass through my skin
like a venom aimed at my soul.

With silk caresses
I believe
the presence of your reality
has passed.

When again I feel
the warmth of your flower
against me.

Seeing without perceiving,
nothing but
the sweat of your movements
against mine.

We thought without knowing,
with the innocent certainty of passion.
We are but two worlds
trapped by sensual gravity.

Within each other
we live
until among nocturnal threads
we hear the great celestial whisper...

Yet now you walk one road
and I another...

Looking back
I see that yours was not an extraordinary passion,
nor I that poet who wrote a singular poem.

Detrás de Espejos

Viviendo detrás de espejos.
El alma se pierde
entre su propio
reflejo.

Sin amor, el corazón
se vuelve pesado
y las imágenes,
turbias.

¿Cuántas vidas
se necesitan
para ver
a través de la ilusión?

Tratar
de nuevo y de nuevo,
otra vez
y en algún momento
ver los disfraces desvanecer.

Al ver a esos que,
en espejos,
encuentran sus reflexiones
sus penas,
el encuentro de
lo oscuro en su ser.

Encontramos mudas
las imágenes
y a esto,
hecho cenizas el corazón.

Detrás de Espejos

Existing behind mirrors
the soul is lost
in its own
reflection...

Without love
a heart becomes heavy
and the images,
turbid.

How many lives
are necessary
to see through
the illusion?

To try and try,
then again,
until that moment
when costumes disappear.

They find in those mirrors
reflections of pain,
and with this
the meeting of
something dark
in their soul.

The images,
mute,
and the heart,
a cinder.

Realidad Inútil

Realidad inútil
el soñar.

¿Cuál es el macabro entendimiento
que nos hace
levantar la mirada
y pensar que podemos?

¿Qué es eso que llaman,
qué es lo que dicen?

No es intentar,
si no perseverar.

¡Ja!
No, nada de eso.

Es saber
que no puedes;
es la certidumbre
que vas a morir.

Pero no importa.
En el cuento de hadas
el caballero siempre triunfa
salvando a ninfa y a princesa por igual.

Te dices, te repites,
"¡El bien triunfará!"
Sabiendo que ya
tu fe
hace tiempo que murió.

Pero hay aquellos que te persiguen…
Y continúas,
no por ti
sino por orgullo.

Eres el ejemplo,

el caballero,
y continúas…

Realidad Inútil

Useless reality,
to dream.

What is this macabre understanding
that possesses us
to lift our heads,
and think, "We can"?

What is it that people say?
"It's not to try, but to persevere"
HA!
What do they know?

It is the knowledge
that you cannot.
It is the certainty
that you will die.

But no matter.
In all fairytales,
the knight always triumphs.
Saving nymphs and princesses alike.

So you say to yourself,
you repeat to yourself,
"Good will triumph!"
Knowing that your faith
has long since died.

But there are those
who follow you…

So you continue,
not because of yourself
but because of pride,
you are the example,
you are that knight,
you continue…

Dulce idiotez

Dulce idiotez
que conocemos como el soñar.
¿De que sirve la imaginación,
sino para una muerte de espectáculo?

Sonoros son los movimientos
del que en vida aspiró.

No es el remedio de la naturaleza
el ser justa,
si no arrancar de los hombres aquello que les da vida.

De tal forma
no es el hombre hecho de armazón templado
si no de músculo, sangre y ligamento.

Y esto se convierte en vehiculo vacío,
que aun escucha lamentos.

Sabiendo que ha perdido
la costumbre del reír y del amar.
Continúa, porque es lo que conoce.

El batallar.

Dulce idiotez

Sweet stupidity
that we call dreams.

Of what use is imagination?
If not for a spectacular death.

Eloquent are the movements of he
who aspired to life.

It is not in nature's nature to be just.
But to strip man
of that which gives him life.

In this same manner,
man is not forged of tempered steel
but rather
of muscle, blood, and sinew.

And this becomes
but an empty vessel
that still hears the laments.

Yet knowing well
that he has lost the ability
to laugh and to love.

He continues,
for that is all he knows…

The battling.

Incesante dolor

Incesante dolor
que reviste el atardecer.
Delicados son tus ramos
que despiden el día.

Sonora se entiende
la creciente inspiración.
De forma muy infrequente
ya los amantes se veneran.

El sosiego de la razón
los sumerge en un pasional letargo.
Se entiende
el por qué participa el cuervo
en legendaria rima,
pero se escapa el sueño.

La pupila inteligente
que en fuego arden
sus lágrimas
piensa en pasados
y en deseos de "No pudo ser".

Se vira el viejo amante
pensando en nuevos atardeceres
y sonríe.

Ya la sabana negra
recubre lo que era marfil,
y el antiguo dragón respira
de nuevo.
Abriendo sus alas
a conocidas corrientes,
se eleva.

Sabiendo que bailará
de nuevo con un celestial acompañante
bebiendo de su esencia,
y que en esta noche,

arderán de nuevo los cielos.

Incesante dolor

Incessant pain
that dresses sunsets.
Delicate are your branches
that bid goodbye to this day...

Too infrequently
do the lovers worship
each other.

The comfort of reason
drowns them in
a passionate lethargy...

The raven's presence,
in that legendary rhyme,
is understood
yet the dream is lost.

Within intelligent eyes
unshed tears burn,
pondering the past
and interrupted dreams
with "it could not be".

The old lover
turns around,
thinking of new
sunsets and smiles.

A dark blanket
covers what was ivory,
and the ancient dragon
breathes again.

Extending his wings
to known currents,
he rises.

Knowing he will dance again

with celestial concubine,
drinking from her essence,
tonight the heavens
once more
burn.

¡Salud, mi amada, salud!

¡Salud, mi amada, salud!

Soy un pobre bardo sin inspiración
contemplando la inocencia…
Veo que el nunca es lo que espero.

¡Salud, mi amada, salud!

Vislumbro mi copa vacía, compañera fiel
entre el reflejo nocturno de vagas impresiones.
Me habla mi verdad entre la suya.

¡Salud, mi amada, salud!

Fuiste mi ilusión, mi felicidad, un dulce alivio.
Ahora en café extraño veo mi reflejo.
Sintiendo, veo la gota que cae sobre el papel.

Salud, mi amada, salud...

¡Salud, mi amada, salud!

Cheers, my love, cheers!

I am but a poor bard sans inspiration,
contemplating Innocence.
I saw that the never was what I awaited for.

Cheers, my love, cheers!

As I regard my empty cup, my faithful companion
between vague nocturnal reflections.
It speaks my reality amongst its own.

Cheers, my love, cheers!

You were my illusion, my happiness, that sweet release.
But now in a strange bar I see my reflection.
Feeling, I see the drop fall on the paper.

Cheers, my love, cheers...

Ilusoria Realidad

Ilusoria realidad
que con promesas
de sueños inciertos
nos lleva a beber
de la posibilidad.

¿Quiénes son
las nocturnas damas
que bailando entre
crepúsculos
me levantan del somno?

Seres de verdad y fantasía
entienden que los dioses
hace rato han muerto.

Míticos reinados
que en verídicas fábulas
encuentran su pópulo
entre páginas de nácar.

Lo único que queda
de su presente
es el pasado en leyendas
que ya nadie lee.

Los niños crecieron,
olvidaron sus cuentos.
Ya no los buscan
entre nubes
y lugares fantásticos.

Pero
en ciertos momentos
de lucidez
entre el sueño y el despertar
se escuchan cantos y rugidos
de esos tiempos olvidados
en que el hombre

era como los dioses
y los mitos
eran de mortalidad.

Ilusoria Realidad

The illusion of reality
with its promises
of uncertain dreams
leads us
to drink from possibility.

Who are those nocturnal ladies
dancing among the daybreak?
They rise me from somno.

Beings of truth and fantasy,
understand,
the gods have long died.

Mythical kingdoms
that in true fables you find
your people within ivory pages.

Can you see
that all that is left
of your present
is the past
in legends that no longer
are read.

The children have grown;
and forgotten your stories.
No longer do they search
for you among the clouds
nor in fantastic realms.

Yet
during certain moments,
moments of lucidity
at that moment,
between the awake and the slumber,
you can still hear the songs
and roars
of times forgotten.

When man was like gods
and the only myths were those
of being mortal.

www.ingramcontent.com/pod-product-compliance
Lightning Source LLC
Chambersburg PA
CBHW031526040426

42445CB00009B/413